OBSERVATIONS

sur le projet de Constitution proposé
par la Commission des Onze.

OBSERVATIONS

sur le projet de Constitution proposé
par la Commission des Onze,

Adressées à la Convention Nationale,

Par un Citoyen Français.

Représentans du Peuple Français,

Vous allez discuter le projet de Constitution
qui vous a été présenté par votre Commission,
dédaignerez-vous de jeter un coup-d'œil sur les observations d'un Citoyen attaché aussi sincérement
à sa patrie qu'il l'a toujours été à la liberté.

Mon obscurité et mes efforts impuissans n'ont
pu arrêter le torrent de maux que j'avois prévus
long-tems avant la révolution. Des cabales de cour
renverserent dès leur naissance les bases que des
Ministres amis de l'ordre et de la liberté avoient
essayé de poser pour l'établissement du systême
que je vais de nouveau remettre sous vos yeux.

Dès l'ouverture des Etats-généraux en 1789,
j'essayai d'insinuer mes idées, je ne pus me
faire entendre, enfin en juin 1792, je redou-
blai d'efforts : je prévoyois déjà la catastrophe
qui, en culbutant une constitution incohérente,
alloit nous plonger dans un abîme de malheurs
je m'adressai aux principaux chefs des divers
partis : ce que je proposois, le recours aux suffrages
de la nation entiere, laissoit à chacun l'espérance
du triomphe. Je ne fus pas plus heureux, et
des débris, ou pour mieux dire de quelques-unes
de mes idées saisies sans connoître l'ensemble,
sortit cette espece d'organisation de l'anarchie,
qu'on appeloit la constitution de 1793, dans

A 2

laquelle des législateurs donnent pour garantie unique l'insurrection du peuple.

Législateurs, daignez ne pas confondre mon système avec ces idées mal digérées que des esprits pervers ont pu en tirer! Ce n'est ni l'anarchie ni le désordre que je viens vous proposer; c'est au contraire le maintien de l'ordre et de la paix que j'organise par un moyen certain. J'ôte tout prétexte à l'insurrection, en donnant une forme légale et paisible aux réclamations; en provoquant les suffrages individuels des Citoyens d'une grande nation, j'indique les moyens d'ôter aux assemblées primaires tout ce qu'elles peuvent avoir de dangereux. Les Citoyens dans ces assemblées ne délibèrent ni ne discutent, ils adoptent ou rejettent dans un scrutin secret, dont l'issue ultérieure n'est connue qu'après le recensement général, les propositions qui leur sont adressées par les administrations supérieures: la majorité absolue des suffrages qu'aucune cabale n'a pu provoquer, décide toutes les questions importantes. Le perfectionnement de la législation suit nécessairement le progrès des lumières, et sans prétendre à la gloire d'avoir donné la meilleure constitution à un grand peuple, je crois avoir indiqué un moyen sûr d'y atteindre un jour.

Nul individu n'a en effet le droit de constituer une grande société, elle doit se constituer elle-même, et le système que je vais vous déveloper l'y conduit avec certitude; les écarts et les erreurs, fruits nécessaires de l'inexpérience, serviront, lorsqu'elle y sera tombée à assurer sa marche: d'ailleurs guidée par les Représentans éclairés qu'elle s'est choisis, elle marchera avec plus de confiance. Sans laisser prescrire le droit d'adopter ou rejetter les lois qui doivent la régir, bientôt elle témoignera par son silence qu'elle approuve leur conduite, S'ils s'écartent, ils seront ramenés par le frein salutaire des réclamations:

(5)

forcés à la circonspection nous ne verrons plus paroître de ces décrets bizarres et atroces qui se contredisoient d'un jour à l'autre.

Au reste le système que je propose dérive de la nature même des sociétés politiques. Si on se transporte à leur origine on voit que le pacte qui les a formées : a dû être unanime, ses premieres conséquences ont dû l'être aussi. Leur évidence, car ainsi que toutes les sciences exactes, la politique a ses axiomes, les a fait adopter sans dissentiment. Ainsi de la volonté de former une société, on déduit celle de soumettre sa volonté particuliere à la volonté générale; car vouloir une société, c'est la vouloir possible. Or, de tous les moyens par lesquels peut se manifester cette volonté générale, ce que fournit la majorité des suffrages peut seule en avoir le caractere. Il ne s'agit donc plus pour que la société soit organisée, que de déterminer le mode par lequel les suffrages seront recueillis, l'unanimité se réunira sans doute à celui qui portera les caracteres les plus authentiques, et qu'aucune fraude ne pourra altérer.

Or dans une assemblée primaire chaque citoyen témoin du dépouillement du scrutin, seroit à même de réclamer contre l'altération de la vérité dans la rédaction du procés-verbal; nul intérêt, et les plus grands risques à courir pour l'administration départementale, si elle se permettoit d'altérer les résultats des procés-verbaux, et le résultat général ne sera que le recensement général de ces résultats des départemens. Voilà pour les lois que les conseils législatifs, ou le conseil exécutif adressent pour être adoptées ou rejettées.

Mais cela seul n'assureroit pas la liberté : car enfin, malgré les oppositions apparentes, ces conseils par leur majorité pourront fort bien se coaliser contre la liberté. Un remède simple est le droit à une réclamation légale, accordée à

* * *   A 3

tout Citoyen. Vous verrez , Citoyens , par quelles épreuves je fais passer cette réclamation pour qu'on s'assure qu'elle est fondée, j'envisage à l'égard de la nation entiere les Départemens comme des individus et les assemblées primaires sous le même rapport à l'égard des départemens. Par les dégrés que je fais parcourir à une proposition, on s'assure qu'elle est raisonnable.

On ne peut considérer la nation Française comme n'étant composée que de 87 individus, dans une pareille société contesteroit-on à chaque individu le droit d'initiative ; or ce n'est réellement qu'a un des 87 départemens que je l'accorde puisqu'une proposition ne parvient à être mise aux suffrages de toute la nation qu'en raison de suffrages de la majorité des Citoyens d'un département.

Mais il est tems de passer à l'application de la théorie, et je vais commencer par exposer la maniere dont le pacte social me paroit avoir dû se former. La nation française n'ayant point arrêté encore un mode pour manifester sa volonté générale, sa position actuelle peut et doit la faire envisager comme se formant de nouveau en société politique.

PACTE SOCIAL,

OU

BASES DE LA CONSTITUTION.

I. Les Français veulent continuer à former une grande société, indivisible, régie par des lois uniformes.

II. Pour consolider cette union, ils conviennent unanimement de soumettre leur volonté individuelle à la volonté générale.

III. Ils déclarent unanimement qu'ils regarderont comme émanées de la volonté générale les lois qui auront été adoptées par la majorité absolue des citoyens Français.

IV. Ils consentent unanimement à adopter la division par département et autres sousdivisions qui seront arrêtées par les représentans qu'ils ont chargés de leur proposer des lois constitutionnelles, pour que les suffrages recueillis par un scrutin secret dans chaque sous-division soient publiquement et authentiquement relatés dans un recensement général, duquel chaque citoyen puisse avoir connoissance.

V. D'après ces conventions préliminaires, la société entière s'est engagée envers chaque citoyen, et chaque citoyen s'est engagé envers la société, aux conditions suivantes :

ENGAGEMENT
de la Nation Française envers chaque Citoyen.

ART. I. La nation française, réunie en une seule et indivisible société, garantit à chaque citoyen la sûreté de sa personne, et celle de sa propriété, tant immobiliaire que mobiliaire, contre la violence et le vol.

II. La liberté d'énoncer son opinion sur toutes sortes de sujets, soit dans les assemblées politiques, soit ailleurs, de de vive-voix, par écrit, ou par la voie de l'impression.

III. La faculté d'aller, venir, entrer, sortir, sans être assujetti à d'autres formalités que celles que le maintien du bon ordre aura fait convenir par la majorité des Citoyens, sous le nom de reglemens de police intérieure.

IV. De le garantir de tout trouble et empêchement dans l'exercice du culte qu'il croira devoir rendre à l'Etre-suprême, soit en particulier, soit en commun avec les citoyens habitans ou étrangers de la même croyance, en se conformant aux réglemens de police qui seront faits à cet égard.

V. La société déclare qu'elle n'admettra jamais aucune loi religieuse, ni ne décernera de peines contre ceux qui par leurs paroles ou leurs écrits seroient prévenus d'avoir commis des délits envers la Divinité, garantissant à chaque Citoyen le droit de n'être assujetti à pratiquer aucun culte, ni contraint de contribuer aux frais religieux, qu'autant qu'il s'y seroit soumis par un engagement libre et volontaire.

VI. La société garantit, autant qu'il dépendra d'elle l'exécution des conventions, échanges de propriété que des Citoyens auront consenti librement, soit entre-eux, soit d'eux avec la nation entiere et qui n'auront rien de contraire aux loix civiles, criminelles ou de police, lorsque ces engagemens seront revêtus des formes déterminées pour en constater l'authenticité.

VII. La société s'engage d'établir pour des arrondissemens déterminés, des tribunaux dont les membres seront élus par les Citoyens, pour terminer à l'amiable ou définitivement d'après les lois, les difficultés d'intérêts que les Citoyens pourront avoir entr'eux ou avec la nation, à raison des engagemens respectifs qui auroient eu lieu, ou des limites des possessions.

A cet égard la société déclare que les engagemens, conventions, transactions qu'elle contracte par des représentans autorisés par elle avec des individus, sont soumis aux mêmes lois que celles que les individus contractent entre-eux.

ENGAGEMENT
de chacun des Citoyens Français envers la Nation.

ART. I. Tout citoyen français s'engage à défendre les personnes et les propriétés de ses concitoyens toutes les fois qu'il en sera requis, et a ne jamais entreprendre sur les unes ni usurper les autres.

II. Il s'engage à n'énoncer d'opinion, que celle, dont il croira dans sa conscience la manifestation utile à sa patrie.

III. Se soumet aux formes lorsqu'il se déplacera de son domicile habituel, ainsi qu'à toutes les autres qui seront statuées par des lois ou règlemens, consentis expressément ou tacitement par la majorité de ses concitoyens.

IV. Promet de ne troubler aucun de ses Concitoyens dans l'exercice de leur culte.

V. Promet de plus de n'en contraindre aucuns, directement ni indirectement, à pratiquer un culte contre sa volonté, ni le contraindre, ou consentir qu'il soit contraint à contribuer aux frais d'un culte, à moins que ce concitoyen n'en eût formé l'engagement.

VI. Le Citoyen Français s'engage, si les suffrages de ses Concitoyens l'appellent à une magistrature, à maintenir l'exécution des conventions libres, soit entre particuliers, soit entre partie de ceux-ci et la nation, sans aucune partialité : S'engage de même à tenir ceux qu'il aura pris, se promettant de n'en point prendre avec inconsidération.

VII. Tout Citoyen Français promet de se soumettre avec loyauté aux décisions des tribunaux compétens dans les difficultés d'intérêts qu'il pourra avoir ; et lorsqu'en qualité d'arbitre ou de juge il sera appelé à décider sur celles de ses concitoyens, de ne se laisser guider que par les principes de la justice.

ENGAGEMENT
de la Nation Française envers chaque Citoyen.

VIII. La société reconnoît que toutes les portions du territoire appartiennent en pleine propriété aux possesseurs actuels, contre lesquels il n'y a point eu de réclamation formée depuis l'époque déterminée par les lois, pour la prescription des droits.

IX. Aucun propriétaire ne pourra être dépossédé que par un échange libre, ou d'après une utilité publique légalement constatée, avec une indemnité arbitrée et d'un cinquieme en sus de l'arbitrage qui auroit eu lieu entre particuliers.

X. La société garantit que nul Citoyen ne pourra être accusé, détenu ou jugé, encore moins condamné, qu'en vertu d'une loi antérieurement promulguée, et d'après les formes qu'elle aura prescrites : Tout Citoyen qui sur une accusation aura été detenu et aura subi un jugement qui l'acquitera de l'accusation, aura droit à une indemnité, soit de la part du dénonciateur, soit du magistrat qui aura lancé le mandat d'arrêt, soit enfin de la nation, lorsque la dénonciation proviendra du fait de l'accusateur public.

XI. Garantit aussi qu'aucune loi, ne pourra être promulguée et revêtue du caractere de loi, qu'autant que les formes prescrites par les lois constitutionelles auront été observées.

XII La conservation générale des propriétés, le maintien de l'ordre, la repression nécessaire de tous ceux qui entreprendroient de le troubler, exigent des dépenses, qui pour le plus grand avantage de tous, doivent être faites en commun; la société garantit que les contributions des Citoyens seront proportionnées à leurs propriétés, qu'elles ne seront assises que par des représentans élus par les suffrages libres de tous les Citoyens, lesquels rendront compte au public de l'objet et de l'emploi utile des fonds dont ils auront disposé, qu'à l'avenir aucun engagement pris au nom de la nation, ne sera valable qu'autant qu'il aura été ratifié librement par la majorité des suffrages des Citoyens.

XIII. *Sans corrélatif.* La société française, pénétrée du sentiment de la liberté de l'homme, ne prétend point qu'un Citoyen puisse être enchaîné en sa patrie par d'autres liens que son bonheur; chaque Citoyen est le seul juge des moyens qui peuvent le lui procurer. Elle déclare donc qu'en se réservant le droit d'expulser de son sein ceux qui par la transgression des lois se seroient rendus indignes de

ENGAGEMENT
de chacun des Citoyens Français envers la Nation.

VIII. Reconnoissant les principes fondamentaux de la société sur les propriétés , il promet de respecter celles de ses concitoyens , autant qu'il désire que ses Concitoyens respectent et fassent respecter les siennes.

IX. Il se promet à lui-même d'aller au devant des besoins de la société , lorsque l'utilité publique sera manifeste , et de se prêter par l'arbitrage aux échanges réels ou d'indemnité , s'engageant , lorsqu'en qualité de Magistrat ou d'arbitre , il y sera appelé, à ne pas souffrir qu'aucun de ses Concitoyens soit lézé dans ses droits.

X. Tout Citoyen français promet de ne jamais accuser ni dénoncer aucun individu, qu'il ne l'ait jugé coupable, se soumettant pour réparer une erreur involontaire à l'indemnité qui sera arbitrée, et à la remplacer par des services dans le cas ou ses moyens ne lui permettroient pas d'autre genre d'indemnité.

XI. Le Citoyen français promet d'observer les lois qui auront été promulguées dans les formes prescrites par les lois constitutionelles se soumettant d'avance à toutes les peines qui seront portées contre les contrevenans, s'il manque à ses engagemens.

XII. Et comme les contributions consenties par la nation , ou en son nom, et en vertu des pouvoirs qu'ils en auront reçus, ses représentans , sont des lois d'autant plus respectables qu'elles deviennent la base de la sureté et de la tranquillité publique, le Citoyen français s'engage à fournir son contingent proportionel des contributions, et lorsqu'il le faudra , de donner une déclaration juste et sincere de ses propriétés , étant convaincu que toute déclaration frauduleuse seroit un vol positif qu'il feroit à ses concitoyens, et consentant que l'évaluation qu'il aura faite lui-même de ses propriétés soit prise pour base, lorsqu'elles deviendront nécessaires pour l'utilité générale.

jouir de leurs avantages : elle rend à chaque citoyen, qui croira pouvoir trouver une meilleure patrie, le droit de renoncer à sa qualité de Citoyen, et de se retirer, emportant avec lui ses propriétés mobiliaires, et le produit des échanges qu'il aura fait de ses propriétés immobiliaires ; sous la condition expresse qu'à compter de la datte de la déclaration authentique qu'il aura faite de son intention, il observera les délais qui seront déterminés par la loi pour constater que sa retraite n'est pas une fuite. Pendant ce délai il sera réputé étranger.

Les engagemens de la nation envers l'habitant qui ne peut ou ne veut jouir des droits de citoyen, et son engagement envers elle, doivent contenir assurance de protection d'une part, et soumission aux lois de l'autre ; celui de l'étranger qui n'a point de domicile fixe est plus simple encore, mais il doit de plus contenir l'assurance de la part de la nation, qu'en cas de décès sur le territoire français, les propriétés qu'il pourroit laisser, seront remises à ses héritiers d'après les lois de son pays, les Français renonçant authentiquement au droit barbare d'aubaine, même à l'égard des nations qui ne lui rendroient pas le réciproque.

Voilà, citoyens Représentans, une esquisse informe de la manière dont je conçois le pacte social, que je propose de substituer à la déclaration des droits ; c'est, ce me semble, un mode simple de renfermer les devoirs corélatifs dans un seul acte : celui-ci doit encore être consenti unanimement, car il doit être signé par tous les citoyens, et les certificats doivent attester cette signature. La sagesse et les lumieres des membres de la commission suppléeront aisément, soit aux articles que je puis avoir omis, soit aux défauts de la rédaction.

Le titre premier, *de la Division du territoire*, et le second, intitulé *État politique des citoyens*, peuvent très-bien suivre le pacte social : Je proposerois quelques legers changemens, tels que d'ajouter après ces mots, article premier, *résident en France*, ceux-ci, *dans un domicile fixe*, de réduire dans l'article III. *de sept à trois*, le nombre des années pour l'étranger, de le réduire à deux, *s'il a épousé une française*, et à une s'il possede etc. Cet article m'ayant paru avoir des relations avec le VIIe. J'ai lieu de croire que cette relation tient aux circonstances, et ne peut être dans l'esprit d'une loi constitutionnelle : Je propose donc de retrancher en entier l'article VII, car il ne peut être entré dans l'esprit de la commission, de priver pendant un si long tems des droits de citoyen un nouveau *Robinson* qui reviendroit dans sa patrie, après vingt ans de malheurs,

Je propose encore d'ajouter à la suite de l'article VIII, après le mot *mécanique*, *ou servi la République dans ses armées, ou ses administrations, depuis l'âge de dix-huit ans.*

Je ferois suivre immédiatement la loi constitutionelle, dont je trace l'esquisse : Je l'ai rédigée à la hâte, mais on observera sans doute que j'ai tracé en tête l'exemple de ce que je propose dans un des articles ; j'ai distingué par des caractères différens le principe qui est en tête, ou pour mieux dire la loi elle-même, dont les articles qui suivent ne sont que les moyens d'exécution. Cette loi constitutionelle pourroit être substituée au titre III, duquel plusieurs articles, notamment ceux relatifs aux élections, sont à conserver.

J'ai pensé cependant que les propriétaires possédant une propriété éloignée de leur domicile ordinaire, pourroient sans inconvénient exercer leurs droits de citoyen dans le lieu de la première, lorsqu'ils s'y trouveroient momentanément.

PROJET

DE LOI CONSTITUTIONELLE.

LES FRANÇAIS, EN DÉLÉGUANT AUX REPRÉSENTANS QU'ILS ÉLIRONT LES POUVOIRS NÉCESSAIRES AU MAINTIEN DE L'ORDRE SOCIAL, SE RÉSERVENT EXPRESSÉMENT LE DROIT D'ADOPTER OU REJETTER LES LOIS CONSTITUTIONELLES, CIVILES, CRIMINELLES OU DE POLICE QUI LEUR SERONT PROPOSÉES, DÉCLARANT QU'A DÉFAUT DE RÉCLAMATION DANS LE DÉLAI DÉTERMINÉ PAR LA LOI CONSTITUTIONELLE, CELLES QUI SERONT PROMULGUÉES PAR LES AUTORITÉS CONSTITUÉES, SERONT CENSÉES ADOPTÉES PAR LA NATION.

ART. Ier. Les Assemblées { primaires / municipales } seront composées du nombre de Citoyens déterminés par la loi, domiciliés dans l'arrondissement, qui ayant rempli les conditions requises, seront inscrits sur le registre civique.

II. Aucun Citoyen ne peut être exclu de donner son suffrage que par une délibération de l'assemblée, du consentement du Conservateur de la loi, duquel il sera parlé ci-après.

III. Les suffrages pour les élections, ainsi que ceux qui seront donnés sur les propositions envoyées par l'administration du département, seront toujours recueillis dans des scrutins secrets; le jour, l'heure, et l'objet des scrutins seront toujours indiqués au moins huit jours d'avance par publication et affiches, combinées de maniere que tous les Citoyens de l'arrondissement puissent en avoir connoissance.

IV. La cloche sonnera pendant demi-heure après celle indiquée, et cette demi-heure passée, les portes du lieu des séances seront fermées. Le scrutin commencé, aucun Citoyen ne pourra être admis que par la majorité des suffrages et avec le consentement du Conservateur de la loi ; mais lorsque le scrutin sera fermé‘ les Citoyens et habitans pourront entrer, pour être présens au dépouillement.

V. Chaque assemblée pourra choisir celui des modes de scrutin secret indiqué par la loi , qui lui conviendra le mieux.

VI Une assemblée ne sera réguliere qu'en présence d'un Conservateur de la loi ou d'un Substitut qu'il aura commis à sa place. Le citoyen qui remplira cette fonction ne sera pas admis à donner son suffrage. Cette présence sera constatée par sa signature au procès-verbal, sous peine de nullité.

VII. Aux jours indiqués pour un scrutin , dès l'ouverture de l'assemblée , un Secrétaire ou un Citoyen fera, à haute et intelligible voix, la lecture de ce qui fait l'objet des suffrages de l'assemblée ; cette lecture sera répétée , si le Conservateur de la loi , ou le nombre de Citoyens déterminé par les réglemens particuliers de l'assemblée le requiérent : on procédera de suite au scrutin.

VIII. Lorsque l'objet du scrutin sera de recueillir les suffrages sur une proposition , il sera dressé procès-verbal du dépouillement du scrutin, dans lequel seront relatés, 1°. le nombre de Citoyens inscrits dans l'arrondissement ; 2°. le nombre des Citoyens présens ; 3°. celui des suffrages pour adopter ; 4°· celui des suffrages pour rejetter ; et lecture en sera faite à l'assemblée.

IX. La minute sera signée par le Président un Secrétaire et au moins quatre Citoyens, et insérée dans un registre cotté et paraphé par le Conservateur de la loi. Expédition signée par le Président et le Sécretaire sera remise de suite au Conservateur de la loi, lequel après y avoir ajouté son attestation signée, que le scrutin a été fait dans les formes prescrites par la loi, et

et que les suffrages ont été donnés librement, la
fera parvenir sous sa responsabilité, dans le plus
court délai , au Conservateur de la loi près
l'administration départementale, qui en accusera
la réception, et sera chargé de poursuivre le
recensement.

X. L'administration départementale ayant reçu
les procès-verbaux des scrutins, en fera le recensement général, qui sera publié dans tout le département , avec spécification du résultat de chaque
assemblée.

XI. Le Conservateur général de la loi du
département adressera le résultat du recensement
attesté véritable par les membres de l'administration , au conseil exécutif, il sera responsable
des délais qui proviendroient de sa négligence.

XII. Lorsque le conseil exécutif aura reçu
tous les recensemens des départemens, il en notifiera officiellement le résultat aux conseils législatifs, et fera publier un état spécifié de ces résultats. Cet état sera envoyé à chaque administration départementale, avec la promulgation
de la loi, en spécifiant qu'elle est portée par les
suffrages de la majorité de la nation, excédant
de tant de voix la minorité.

XIII. Le conseil exécutif et les conseils législatifs pourront néanmoins, soit de concert, soit
un d'eux seulement, faire répéter une seconde fois
l'épreuve, 1°. lorsque le nombre des Citoyens votans se trouvera dans une grande disproportion
avec celui des Citoyens qui ont droit de voter;
2°. lorsque la différence de la majorité à la
minorité paroîtra trop légere.

XIV. Lorsqu'une loi, qui contiendra plusieurs
articles sera proposée aux suffrages de la nation,
les bases ou les principes seront mis en tête en
caracteres différens en un seul paragraphe.

XV. Si la loi contient plusieurs branches ou
titres, le principe de chaque titre sera mis de la

même maniere et sera l'objet d'un scrutin, il ne sera jamais proposé à la nation un corps entier de lois à adopter ou à rejetter en masse.

XVI. Le principe et le corps de la loi seront l'objet de deux scrutins, si le principe est adopté par la majorité, et que le corps entier ou les articles qui la composent soit rejetté, alors il en sera fait une nouvelle rédaction.

XVII. Avant de procéder au scrutin sur une proposition de loi adressée par l'administration du Département, il sera préalablement mis aux voix, s'il y a lieu à délibérer ; chaque assemblée pourra suivre sur cette proposition le mode qu'elle aura adopté par son réglement particulier; mais le Conservateur de la loi tiendra la main à ce qu'il ne s'ouvre aucune discussion.

XVIII. Lorsque le conseil des Anciens aura rejetté un projet de loi proposé par le conseil des 500, celui-ci pourra décréter que la nation sera consultée : alors le conseil exécutif adressera le projet de la loi aux administrations départementales, lesquelles l'adresseront aux assemblées primaires, en fixant le jour de l'ouverture du scrutin, observant le delai suffisant pour la publication de l'objet des suffrages, et qu'autant qu'il sera possible ce jour soit le Décadi.

XIX. Le conseil exécutif, après avoir reclamé auprès des conseils législatifs, soit le changement, soit l'abrogation d'une loi, soit l'adoption d'un réglement qui aura été annullé par les conseils législatifs, notifiera à ceux-ci son appel aux suffrages de la nation, et pourra alors adresser sa proposition aux assemblées départementales dans la forme ci-dessus.

XX. Lorsqu'une Loi, d'après le dissentiment des deux Conseils législatifs, sera envoyée aux départemens pour être adoptée, ou rejettée. Chacun des Conseils mettra à la suite de la proposition énonciative du principe, les motifs sommaires de son opinion. Le Conseil executif aura le même droit, dans les cas où il aura provoqué la convocation.

XXI. Tout citoyen a le droit de faire une proposition d'intérêt général dans l'assemblée primaire de laquelle il est membre ; toute proposition qui est appuyée par le nombre de citoyens déterminé par les réglemens généraux ou particuliers, doit, après la question préalable, s'il est arrêté qu'il y a lieu à délibérer, être discutée, et après la discussion fermée, renvoyée à une assemblée suivante pour passer au scrutin, avec intervalle suffisant pour la publication.

XXII Toute proposition qui aura été adoptée par la majorité des suffrages d'une assemblée primaire sera envoyée avec le procès-verbal du scrutin contenant extrait sommaire des débats, à l'administration départementale, par le Conservateur de la loi.

XXIII L'administration départementale examinera si le nombre des votans est disproportionné avec celui des citoyens qui avoient droit de voter, si la majorité excède de beaucoup ou de peu de suffrages la minorité, dans ces deux cas, elle pourra arrêter sur l'avis de son Conservateur de la loi, que l'épreuve du scrutin fera réitérée, et fixera le jour en ordonnant une publication plus authentique.

XXIV. Si par le second scrutin la proposition est encore adoptée elle sera envoyée avec le sommaire des débats et les observations de l'administration à toutes les assemblées primaires du département, avec fixation du jour du scrutin.

XXV- Toute proposition qui aura obtenu les suffrages de la majorité des Citoyens d'un département sera envoyée au conseil exécutif par l'administration départementale avec le résultat des scrutins le conseil exécutif communiquera l'un et l'autre officiellement, au conseil des 500, si la proposition est adoptée, elle sera communiquée officiellement au conseil des Anciens, et l'adoption dans le conseil aura le même effet qu'elle auroit eu si la proposition de loi étoit émanée du conseil des 500, les trois conseils ensemble ou chacun d'eux pourront, comme ci-dessus, article 13, faire réitérer l'épreuve.

XXVI. Après que l'épreuve réitérée aura donné le même résultat, le Conseil exécutif ne pourra se dispenser de mettre le projet de loi aux suffrages de la nation, en l'envoyant à toutes les Administrations départementales.

XXVII. Lorsque le Conseil des Anciens aura adopté un projet de loi proposé par le Conseil des cinq cents, la loi sera provisoire et exécutée comme telle, s'il n'y a point de reclamation du Conseil exécutif dans les cinq jours qui suivront la communication officielle qui lui en aura été faite; elle deviendra loi définitive, s'il n'y a point de réclamation d'un département dans les formes établies articles XXII, XXIII, XXIV, et XXV dans les trois mois qui suivront la promulgation à compter de celle qui sera faite dans le département le plus éloigné.

Articles additionnels à la loi constitutionelle, relatif aux Conservateurs de la loi.

I. Il y aura près chaque administration de département un Conservateur général de la loi, choisi et nommé par le conseil exécutif, sans aucune autorité coercitive, mais uniquement chargé de surveiller toutes les autorités constituées, ainsi que tous les préposés aux recettes nationales, et de dénoncer au conseil exécutif les prévarications, les abus, et les négligences.

II. Le Conservateur général de la loi du département choisira ses substituts, soit pour le remplacer en son absence soit pour le représenter dans les Assemblées primaires, le conseil exécutif sera responsable de la conduite du premier, et celui-ci le sera de celle de ses substituts, qui dans les assemblées primaires porteront aussi le titre de Conservateurs de la loi, et choisiront des substituts pour les remplacer en leur absence.

III. Les Conservateurs de la loi au département, et ceux des assemblées primaires n'exerceront aucune autre fonction de Citoyens pendant la durée de leur exercice, ils seront révocables à volonté par les autorités desquels émanent leurs pouvoirs, ils recevront une indemnité.

IV. Les substituts ne seront privés de leur droit de Citoyen, que pendant la durée de leurs fonctions, nul ne pouvant exercer à la fois celle de surveillant et celle de surveillé.

V. Outre la surveillance sur les administrations de leur arrondissement, les Conservateurs de la loi surveilleront surtout les assemblées primaires pour y maintenir l'ordre, l'exécution des réglemens, et la liberté des suffrages des Citoyens, dans les divers scrutins d'élection ou de législation.

Réglemens généraux des assemblées primaires.

VI. Lorsqu'une assemblée primaire deviendra tumultueuse, le Conservateur de la loi, ou le Citoyen qui remplira ses fonctions, s'appliquera à connoître ceux des citoyens qui occasionnent le tumulte, et s'il y parvient il requerra leur exclusion, et même s'il y a lieu leur suspension, elle ne pourra jamais être de plus de trois mois, l'assemblée décidera sur sa réquisition, et par le mode qu'elle aura adopté.

VII. Le Conservateur de la loi requerra dans tous les cas 1°. pour l'exécution de la loi, il déclarera l'incompétence de l'assemblée toutes
les

les fois que cette assemblée sortira des bornes qui sont prescrites par la loi : 3°. Lorsque le tumulte sera devenu trop considérable pour qu'il puisse discerner quelle en est la cause : après avoir par trois fois annoncé par un signe extérieur, qu'il y a tumulte, il prononcera la levée de l'assemblée et la nullité des délibérations et scrutins s'il y en a de commencés. Il ne pourra dans tous les cas, lui être refusé de coucher ses dires sur le procés-verbal de la seance.

VIII. Lorsque le Conservateur de la loi aura prononcé la nullité d'une séance, si l'objet étoit un scrutin, elle sera ajournée au lendemain, et si dans cette seconde séance, le tulmulte se prolonge, et que le Conservateur de la loi, après avoir rempli les mêmes formalités , soit dans le cas de prononcer une seconde fois la nullité de la séance, s'il s'agit d'un scrutin, les suffrages de l'assemblée tumultueuse ne seront pas comptés dans le procès-verbal de recensement, et le Conservateur de la loi pourra prononcer la suspension provisoire de l'assemblée , il en rendra compte de suite à l'administration du département. Celle-ci, après avoir ouï le Conservateur général de la loi prononcera sur la levée ou la prorogation de la suspension. La suspension d'une assemblée primaire ne pourra exceder 3 mois.

IX. Lorsqu'une assemblée primaire sera suspenduc elle sera relatée sur les procès-verbaux de recensement en ces termes : *Assemblée de* .... *suspendue.*

X. Les assemblées primaires auront un local fixe pour leurs séances, et ce local pourra être ouvert tous les jours aux citoyens qui voudront s'y rendre pour y conférer paisiblement sur les interêts publics, ou s'instruire mutuellement des nouvelles politiques Chaque assemblée fera à cet égard les régiemens qu'elle jugera à propos.

XI. Le décadi sera spécialement affecté aux

assemblées regulieres, qui pourront cependant être convoquées d'autres jours dans des cas urgens, par le président, et en son absence par celui qui doit le remplacer. Ces convocations extraordinaires auront lieu, 1°. lorsqu'elles seront indiquées par des autorités supérieures, 2°. lorsqu'elles seront demandées par un nombre de citoyens déterminé par la loi.

XII. Les assemblées ordinaires du Décadi s'il n'y a point de scrutin, ou après qu'il aura été dépouillé pourront s'occuper 1°. des objets d'intérêt local, 2°. discuter les propositions faites par des membres, mais il ne sera jamais statué définitivement sur une proposition dans l'assemblée où elle aura été faite, le vote n'aura lieu que dix jours après, et si l'objet est d'intérêt général, ce sera toujours par un scrutin secret.

Article additionnel général.

Les administrations départementales auront soin de combiner les envois de propositions aux assemblées primaires, de maniere à ce que, les delais expirés, les assemblées puissent se tenir le Décadi. Le conseil exécutif aura attention de combiner ses envois de maniere à ce que toutes les assemblées primaires puissent être convoquées le même jour dans toute la République. On peut espérer qu'un jour la multiplication des thélégraphes facilitera et abrégera les opérations.

Dans cette esquisse informe vous pouvez voir, Citoyens représentans, qu'il n'est pas impossible de se servir pour établir l'ordre des mêmes moyens que la démagogie a voulu employer pour perpétuer l'anarchie. Lorsque la majorité des Citoyens aura prononcé, qui oseroit s'élever contre ses décisions ? qui pourroit méconnoître une insurrection dans l'opposition d'une minorité qui d'ailleurs seroit divisée sur toute la surface d'un grand empire? ou se rallieroit-elle? souvent la minorité d'un département fixera la majorité, dans l'ensemble.

Je n'ai point appelé les colonies dans le grand tout, il m'a paru toujours qu'elles avoient droit à un régime à elles. On peut en effet les considérer moins comme parties du tout que comme étant chacune un tout dans un grand ensemble, ce n'est qu'au continent européen, en y joignant les isles peu éloignées des terres, qu'on peut appliquer cette organisation, les colonies sans doute s'organiseront sur ce modele.

Mais il faut hater ce grand ouvrage : poursuivie dans ce moment par les fléaux les plus terribles, la nation Française est à la veille de succomber sous l'excès de ses maux. Toujours respectable dans ses malheurs, calme après les plus affreux orages, les progrès de la raison universelle et l'espérance d'un avenir plus heureux la soutiennent. Vous ne trahirez pas ses espérances, vous assurerez son bonheur, en la faisant jouir d'une liberté inaliénable.

Craindroit-on les orages que pourroit élever une multitude sans frein ? mais outre que la sagesse de votre commission lui a fait tracer des limites raisonnables et modérées qui excluent des assemblées cette multitude oisive et turbulente pour laquelle le désordre est une jouissance : vous avez vu que les précautions que j'ai tracées, jointes à celles que votre sagesse trouvera sans doute, y remédieront facilement.

On allègue l'ignorance, mais cette ignorance est-elle un moindre danger pour le choix du petit nombre d'hommes auxquels on confiera sans réserve le destin de la nation ? l'expérience nous a trop appris que c'est sur les têtes les plus ardentes que le choix se fixe presque toujours.

Croyez plutôt que la confiance s'établira bientôt par la sagesse, qu'un frein salutaire imposera aux conseils législatifs. La députation à la législature, lorsqu'il n'y aura plus de ressources pour l'arbitraire, ne sera plus briguée par les étourdis et les hypocrites flatteurs de la populace.

Ah! revenez en arriere, Citoyens, et considérez combien de maux nous eussions évités, si cette mesure, adoptée dès le commencement de la révolution, nous eût préservés de tant de lois désastreuses et inconsidérées!

Puissent mes espérances se réaliser, et la postérité bénir les noms de ceux auxquels elle devra un si grand bienfait! c'est la liberté sans licence que tous les Citoyens reclament, j'ai lieu de croire que c'est elle que je vous propose.

<hr>

De l'Imprimerie de la Rue S. Fiacre, N°. 2.